Smart Phonics 1

e-future

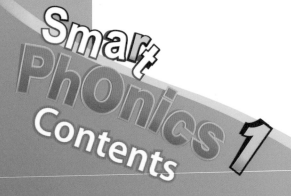

Smart Phonics 1 Contents

Constant and Cumulative Review

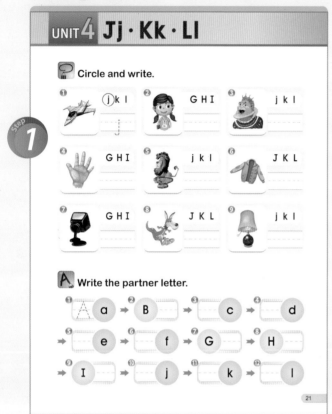

Circle and write.

1 ✈	① k l	2 👧 G H I	3 👑 j k l
4 ✋ G H I	5 🦁 j k l	6 🧥 J K L
7 📷 G H I	8 🦕 J K L	9 💡 j k l

A Write the partner letter.

1 A → 2 B → 3 c → 4 d
→ 5 e → 6 f → 7 G → 8 H
→ 9 I → 10 j → 11 k → 12 l

21

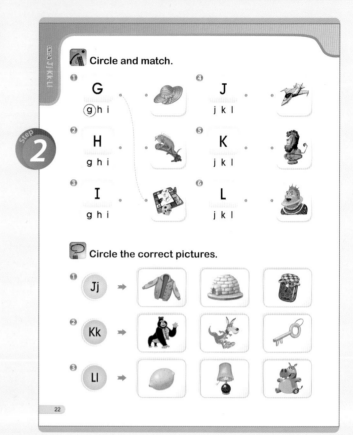

Circle and match.

1 G (g) h i	4 J j k l
2 H g h i	5 K j k l
3 I g h i	6 L j k l

Circle the correct pictures.

1 Jj →
2 Kk →
3 Ll →

22

Step	Cumulative Target Practice	Skills
1	New & Old Targets 1	Reading/Writing
2	New & Old Targets 2	Reading/Writing
3	New & Old Targets 3	Reading/Writing
4	New & Old Targets 4	Writing + Visualization (A)
5	New & Old Targets 5	Writing + Link and Review (B)

Smart Phonics 1

is Key to Success in Learning Phonics!

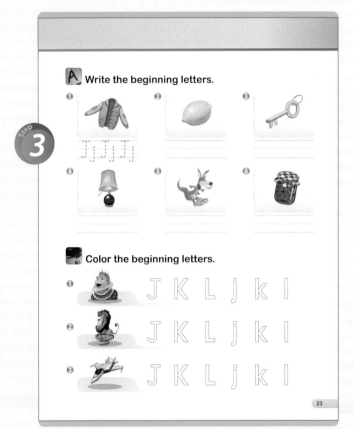

Step 3

A Write the beginning letters.

① Jj Jj Jj ② ③
④ ⑤ ⑥

Color the beginning letters.

① J K L j k l
② J K L j k l
③ J K L j k l

23

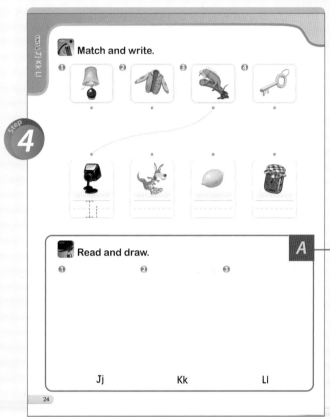

Step 4

UNIT 3 Jj Kk Ll

Match and write.

① ② ③ ④

li

Read and draw.

① ② ③

Jj   Kk   Ll

24

Step 5

A Trace and write.

① Jj Jj Jj
② Kk Kk Kk
③ Ll Ll Ll

JKL
jkl

>> Link and review. **B**

ABCDEFGHIJKL
abcdefghijkl

20

Challenge Your Brain!

A Visualization

Children choose the words with the target sounds, visualize the pictures of the words and draw them in the space provided. This activity will help children remember the target words and sounds better.

B Link and Review

Children revisit the old target letters and link them to the new target letters. This activity will help children differentiate capital letters and small letters in sequence.

Circle and write.

①

(Aa) Bb Cc

AaAa

②

Aa Bb Cc

③

Aa Bb Cc

④

Aa Bb Cc

⑤

Aa Bb Cc

⑥

Aa Bb Cc

⑦

Aa Bb Cc

⑧

Aa Bb Cc

⑨

Aa Bb Cc

 **Match.**

1 A   c

2 B   a

3 C   b

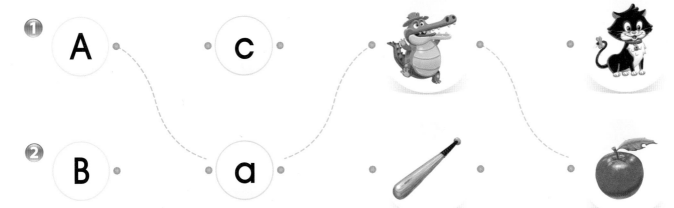

 Circle the correct pictures.

1 Aa ➡

2 Bb ➡

3 Cc ➡

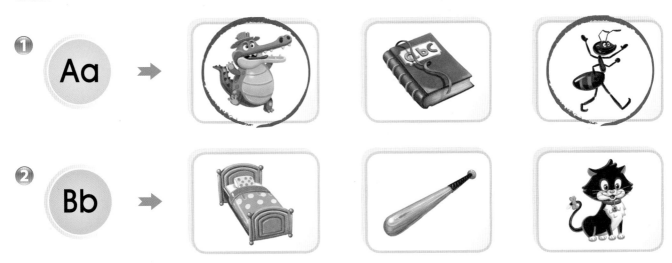

Write the beginning letters.

①

AaAa

②

③

④

⑤

⑥

Color the beginning letters.

①  A B C a c

②  A B C a b c

③  A B C a b c

Match and color.

① Aa   ② Bb   ③ Cc

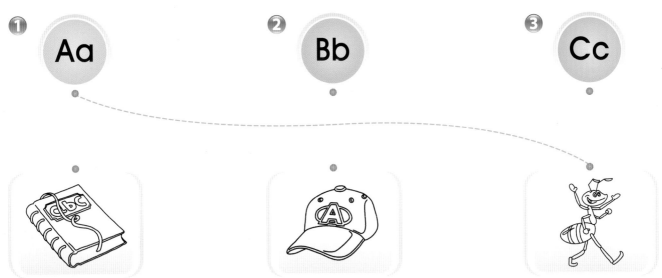

 Read and draw.

①

Aa

②

Aa

③

Bb

④

Cc

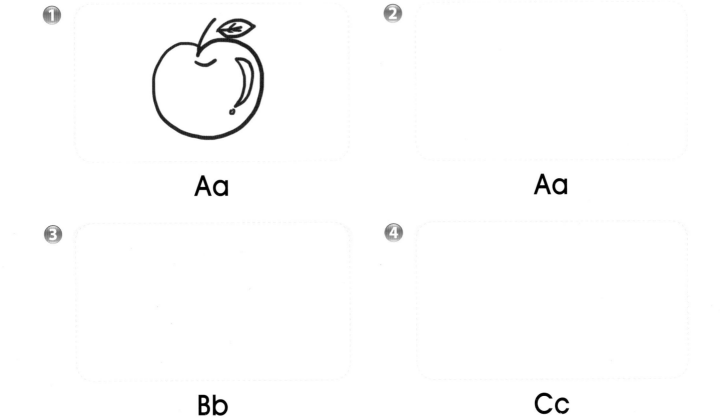

Trace and write.

Aa Aa Aa

Bb Bb Bb

Cc Cc Cc

ABC

abc

Circle and write.

①
(Dd) Ee Ff

②
Aa Bb Cc
_____

③
Dd Ee Ff
_____

④
Aa Bb Cc
_____

⑤
Dd Ee Ff
_____

⑥
Aa Bb Cc
_____

⑦
Aa Bb Cc
_____

⑧
Dd Ee Ff
_____

⑨
Dd Ee Ff
_____

⑩
Aa Bb Cc
_____

⑪
Dd Ee Ff
_____

⑫
Aa Bb Cc
_____

Circle and match.

① B
a (b) c

⑤ C
a b c

② F
d e f

⑥ F
d e f

③ E
d e f

⑦ E
d e f

④ D
d e f

⑧ D
d e f

 Write the partner letter.

① A __a__ ➡ ② B ____ ➡ ③ C ____

➡ ④ ____ d ➡ ⑤ ____ e ➡ ⑥ ____ f

Circle the correct picture.

① **Dd** ➡

② **Ee** ➡

③  **Ff** ➡

 Color the beginning letters.

①  D E F d e f

②  D E F d e f

③  D E F d e f

Match and write.

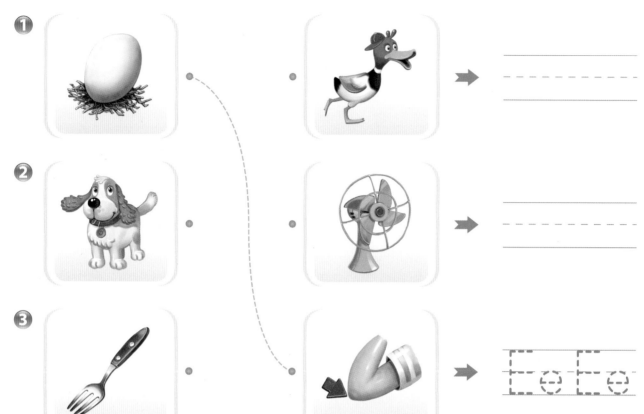

①

②

③

Ee Ee

 Read and draw.

① **②** **③**

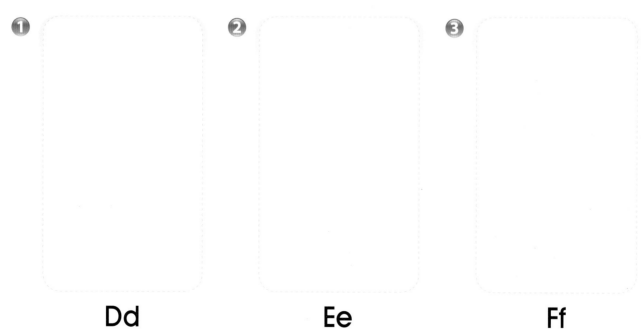

Dd   Ee   Ff

Trace and write.

Dd Dd Dd

Ee Ee Ee

Ff Ff Ff

DEF

def

>> **Link and review.**

ABCDEF

abcdef

Circle and write.

①  (Gg) Hh Ii

②  Dd Ee Ff

③  Aa Bb Cc

④  Gg Hh Ii

⑤  Gg Hh Ii

⑥  Aa Bb Cc

⑦  Dd Ee Ff

⑧  Gg Hh Ii

⑨ 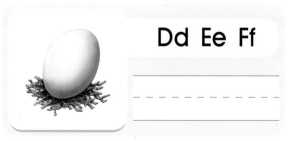 Dd Ee Ff

⑩ 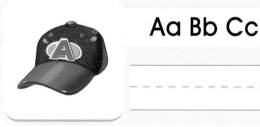 Aa Bb Cc

Circle the correct beginning letter.

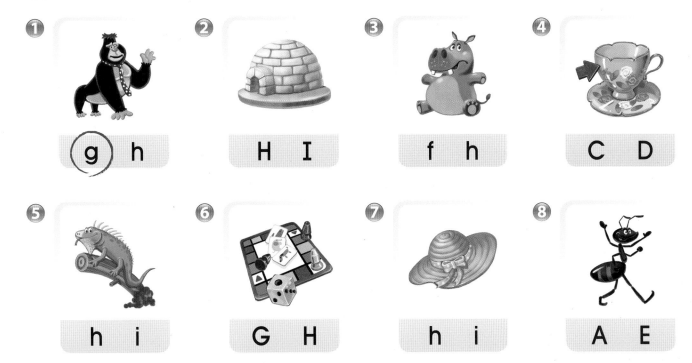

1. (g) h
2. H I
3. f h
4. C D
5. h i
6. G H
7. h i
8. A E

 Circle the correct picture.

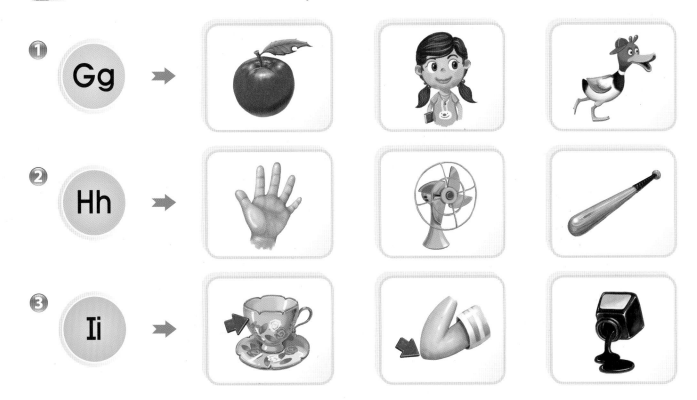

1. **Gg**
2. **Hh**
3. **Ii**

Color the beginning letters.

① D E F d e f

② G H I g h i

③ A B C a b c

④ G H I g h i

⑤ A B C a b c

⑥ G H I g h i

⑦ D E F d e f

Write the beginning letters.

① Cc Cc

②

③

④

⑤

⑥

 Read and draw.

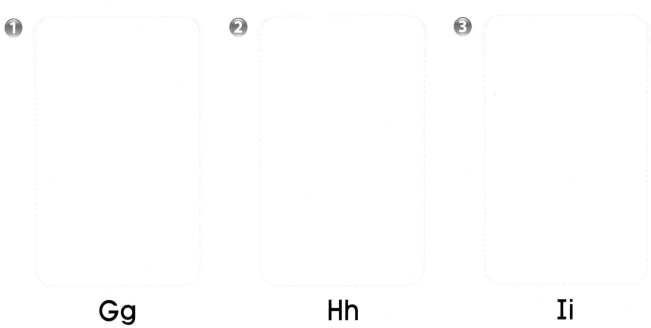

① Gg ② Hh ③ Ii

Trace and write.

Gg Gg Gg

Hh Hh Hh

Ii Ii Ii

GHI
ghi

>> Link and review.

ABCDEFGHI
abcdefghi

UNIT 4 Jj · Kk · Ll

 Circle and write.

1 ✈	(j) k l
2 👧	G H I
3 🤴	j k l
4 ✋	G H I
5 🦁	j k l
6 🧥	J K L
7 📷	G H I
8 🦘	J K L
9 💡	j k l

A **Write the partner letter.**

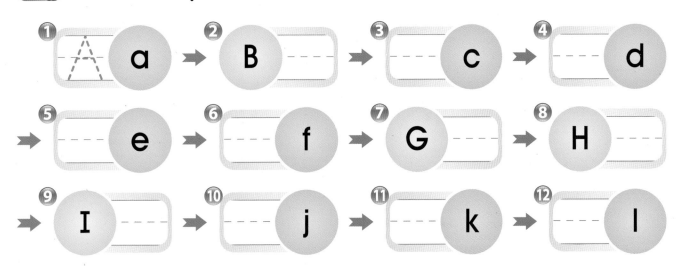

1. A → a
2. B →
3. → c
4. → d
5. → e
6. → f
7. G →
8. H →
9. I →
10. → j
11. → k
12. → l

Circle and match.

① G

(g) h i

④ J
j k l

② H
g h i

⑤ K
j k l

③ I
g h i

⑥ L
j k l

 Circle the correct pictures.

① Jj →

② Kk →

③ Ll →

Write the beginning letters.

①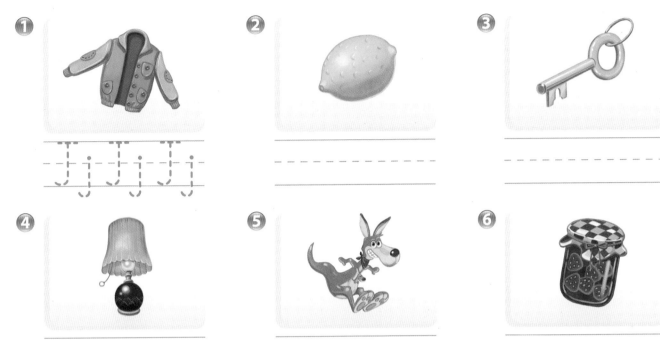
J j J j J j

②

③

④

⑤

⑥

 Color the beginning letters.

①
J K L j k l

② J K L j k l

③ J K L j k l

Match and write.

①  ②  ③  ④

 # Read and draw.

①  ②  ③

Jj   Kk   Ll

Trace and write.

1  J j J j J j

2  K k K k K k

3  L l L l L l

J K L

j k l

>> Link and review.

A B C D E F G H I J K L

a b c d e f g h i j k l

Match and write.

①

②

③

④

Bb

⑤

⑥

⑦

⑧

 **Match.**

① Ii   ② Jj   ③ Kk   ④ Ll

 Circle the correct beginning letter.

①

c   k

②

f   g

③

a   e

④

b   h

⑤

B   D

⑥

b   d

⑦

I   G

⑧

A   E

Write the beginning letters.

①

E e E e E e

②

③

④

⑤

⑥

⑦

⑧

⑨

⑩

⑪

⑫

Circle the correct picture.

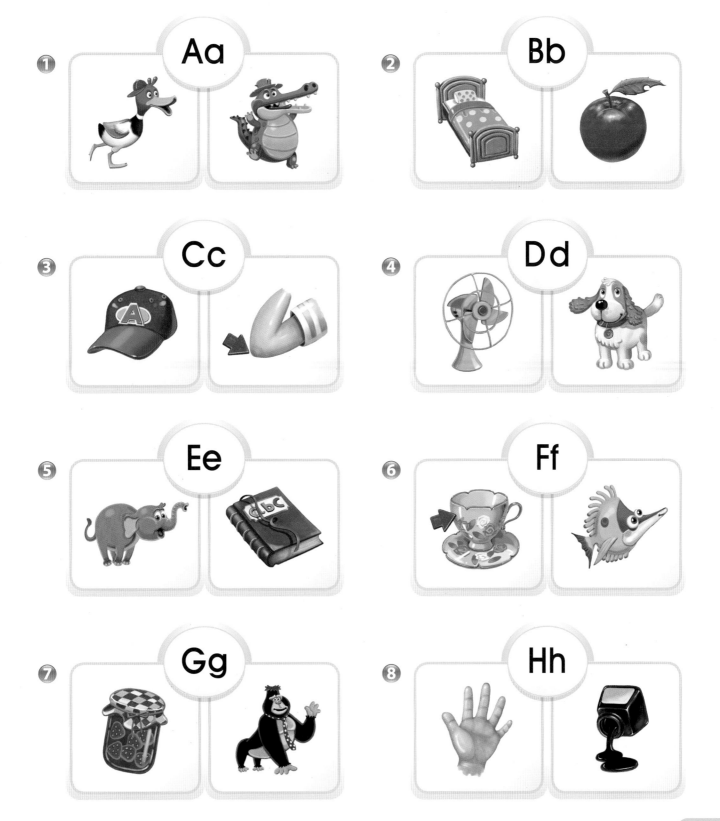

1. Aa

2. Bb

3. Cc

4. Dd

5. Ee

6. Ff

7. Gg

8. Hh

Choose and write.

1 Gg

1

2 Hh

3 Ii

1

2

3

4

5

6

7

8

9

10

11

12

4 Jj

5 Kk

6 Ll

Circle the correct beginning letter.

①

J (K) L

②

M N O

③

m n o

④

j k l

⑤

m n o

⑥

M N O

⑦

m n o

⑧

M N O

 Write the partner letter.

① D d → ② E → ③ f → ④ g

→ ⑤ h → ⑥ i → ⑦ J → ⑧ K

→ ⑨ L → ⑩ m → ⑪ n → ⑫ o

Match.

① 　② 　③ 　④

 h　 I　 j　 K　 l　 M　 n　 O

⑤ 　⑥ 　⑦ 　⑧

 Circle the correct picture.

① Mm ➡

② Nn ➡

③ Oo ➡

Match and write.

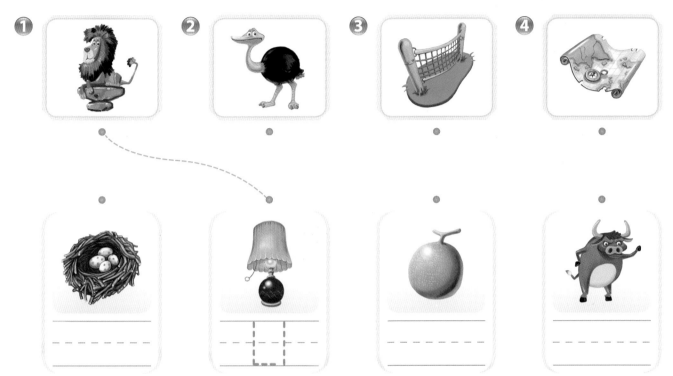

 Color the beginning letters.

① M N O m n o

② M N O m n o

③ M N O m n o

Write the beginning letters.

①

G g G g

②

③

④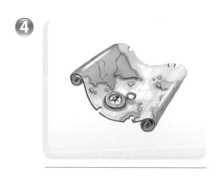

⑤

⑥

 Read and draw.

①

②

③

Mm   Nn   Oo

Trace and write.

①

Mm Mm Mm

②
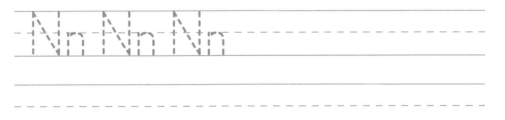
Nn Nn Nn

③

Oo Oo Oo

MNO

mno

Circle and write.

1

(Pp) Qq Rr

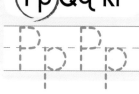

2

Pp Qq Rr

3

Jj Kk Ll

4

Jj Kk Ll

5

Pp Qq Rr

6

Mm Nn Oo

7

Jj Kk Ll

8

Pp Qq Rr

9

Pp Qq Rr

10

Mm Nn Oo

11

Pp Qq Rr

12

Mm Nn Oo

 **Match.**

① Kk

⑤ Oo

② Ll

⑥ Pp

③ Mm

⑦ Qq

④ Nn

⑧ Rr

 Circle the correct picture.

① Pp ➡

② Qq ➡

③ Rr ➡

Write the beginning letters.

①

Mm Mm

②

③

④

⑤

⑥

 Color the beginning letters.

①   P Q R p q r

②  P Q R p q r

③  P Q R p q r

Match and write.

① ② ③ ④

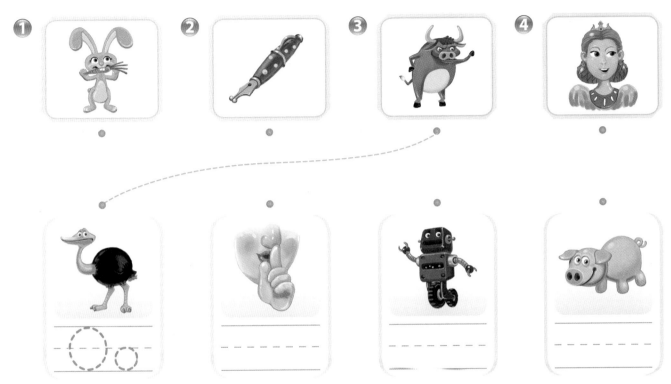

O o

 Read and draw.

① ② ③

Pp   Qq   Rr

A Trace and write.

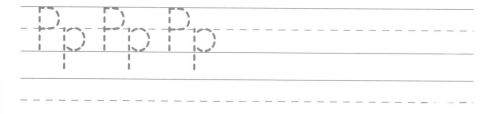

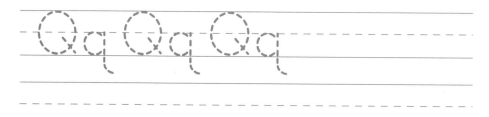

» Link and review.

Write the beginning letter.

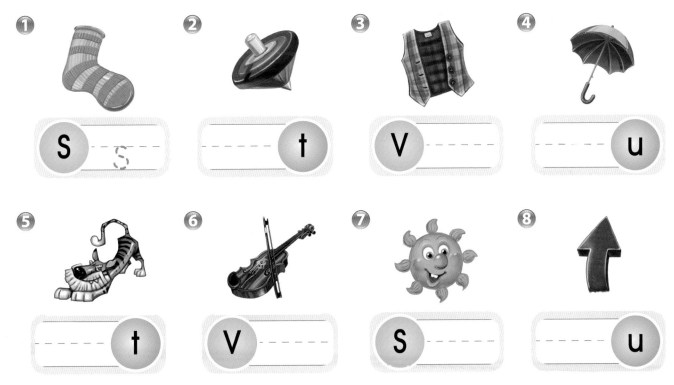

① S ___ s

② t

③ V

④ u

⑤ t

⑥ V

⑦ S

⑧ u

 Match.

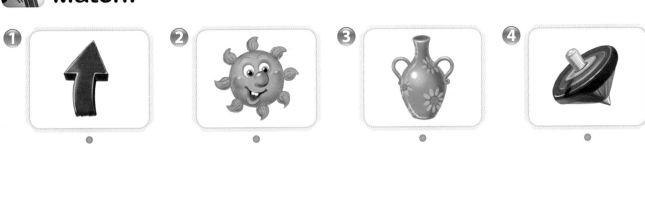

① ② ③ ④

Circle the correct picture.

① **Pp**

② **Qq**

③ **Rr**

④ **Ss**

Color the beginning letters.

① S T U V s t u v

② S T U V s t u v

③ S T U V s t u v

④ S T U V s t u v

Circle the correct beginning letter.

①
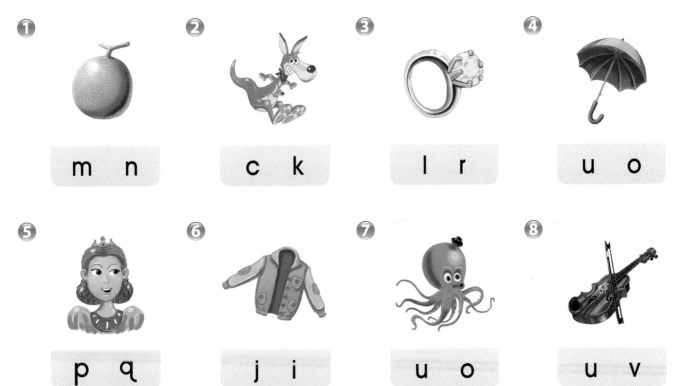
m　n

②
c　k

③
l　r

④
u　o

⑤
p　q

⑥
j　i

⑦
u　o

⑧
u　v

 # Write the partner letter.

① K → k
② L
③ m
④ n

⑤ o
⑥ p
⑦ Q
⑧ R

⑨ S
⑩ t
⑪ u
⑫ v

Match and write.

①  ②  ③  ④

Ss

 Read and draw.

①

Ss

②

Tt

③

Uu

④

Vv

Trace and write.

S s S s

T t T t

U u U u

V v V v

S T U V

s t u v

>> **Link and review.**

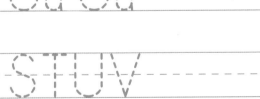

M N O P Q R S T U V

m n o p q r s t u v

Ww · Xx · Yy · Zz

Circle the correct beginning or ending letter.

1
s t (u) v

2
s t u v

3
w x y z

4
s t u v

5
S T U V

6
W X Y Z

7
W X Y Z

8
S T U V

9
w x y z

10
u v w x

11
w x y z

12
s t u v

13
W X Y Z

14
W X Y Z

15
S T U V

16
W X Y Z

Circle and match.

1
u
T (U) V

2
v
T U V

3
W
w x y

4
X
w x y

5
Y
w x y

6
Z
x y z

 Circle the correct picture.

1 Ww

2 Xx
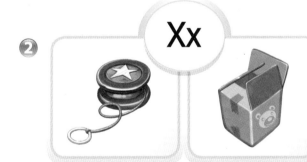

3 Yy
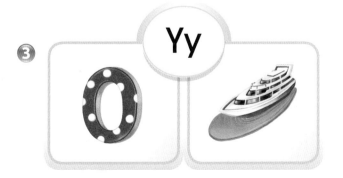

4 Zz

Match and write.

① ② ③ ④

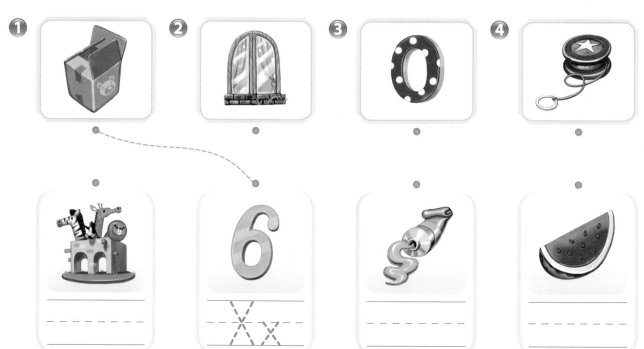

X x

 Color the beginning or ending letters.

①

W X Y Z w x y z

② W X Y Z w x y z

③ W X Y Z w x y z

④ W X Y Z w x y z

Write the beginning or ending letters.

①

Y y Y y

②

③

④

⑤

⑥

 Read and draw.

①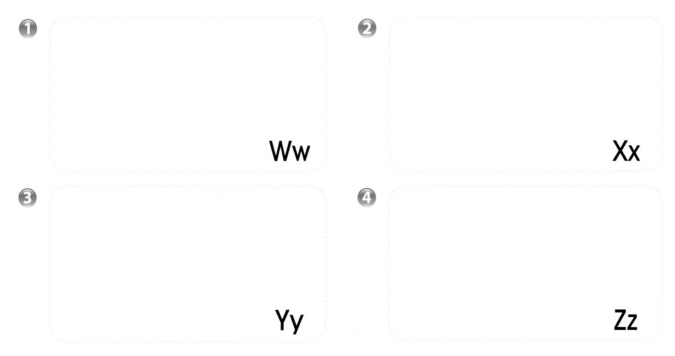

Ww

②

Xx

③

Yy

④

Zz

Trace and write.

>> **Link and review.**

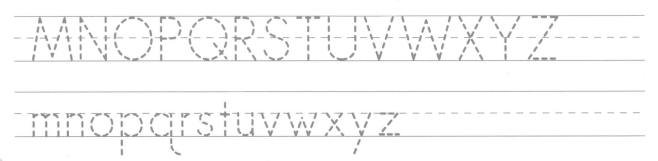

REVIEW 2 Mm~Zz

A Choose and write.

① m	② n	③ o	④ p	⑤ q	⑥ r	⑦ s

4

①   ②    ③   ④

⑤    ⑥   ⑦

⑧   ⑨   ⑩   ⑪

⑫   ⑬   ⑭

⑧ t	⑨ u	⑩ v	⑪ w	⑫ x	⑬ y	⑭ z

Write the beginning letters.

①

S s   S s

②

③

④

⑤

⑥

⑦

⑧

⑨

⑩

⑪

⑫

Circle the correct picture.

① **Mm**

② **Nn**

③ **Oo**

④ **Pp**

 Write the partner letter.

① **M** [m] → ② ___ **n** → ③ **O** ___ → ④ ___ **p**

⑤ **Q** ___ → ⑥ ___ **r** → ⑦ **S** ___ →

⑧ **T** ___ → ⑨ ___ **u** → ⑩ **V** ___ → ⑪ ___ **w**

⑫ **X** ___ → ⑬ ___ **y** → ⑭ **Z** ___

Circle the correct beginning letter.

①

M N O

②

U V W

③

M N O

④

S T U

⑤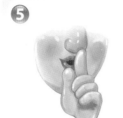

O Q R

⑥

X Y Z

⑦

W X Y

⑧

X Y Z

⑨

s t u

⑩

m n o

⑪

u v w

⑫

p q r

⑬

w y z

⑭

p q r

⑮

u v w

⑯

x y z

 **Match.**

① Oo •　　•

② Pp •　　•

③ Qq •　　•

④ Rr •　　•

⑤ Ss •　　•

⑥ Tt •　　•

⑦ Uu •　　•

⑧ Vv •　　•

⑨ Ww •　　•

⑩ Xx •　　•

⑪ Yy •　　•

⑫ Zz •　　•

Circle the correct beginning letter.

①

b   d

②

m   n

③

g   h

④

b   d

⑤

h   y

⑥

a   e

⑦

l   r

⑧

a   e

⑨

m   n

⑩

i   j

⑪

c   k

⑫

p   q

⑬

o   u

⑭

i   j

⑮

f   p

⑯

c   k

 **Match.**

1 T · · q · ·

2 Q · · r · ·

3 U · · t · ·

4 R · · s · ·

5 V · · u · ·

6 S · · v ·  ·

Write the partner letter.

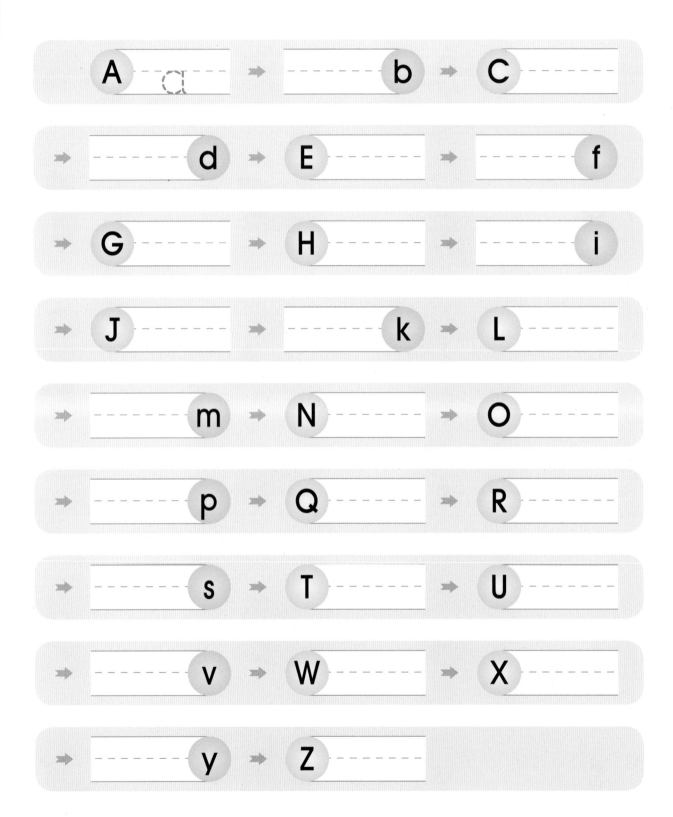

A → a → → b → C

→ → d → E → → f

→ G → H → → i

→ J → → k → L

→ → m → N → O

→ → p → Q → R

→ → s → T → U

→ → v → W → X

→ → y → Z

Circle the correct picture.

① Dd

② Ff

③ Gg

④ Ii

⑤ Ww

⑥ Xx
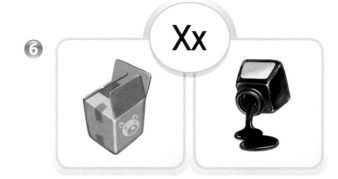

⑦ Yy
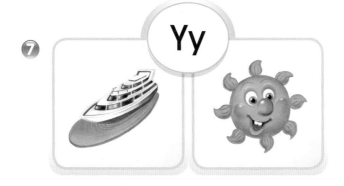

⑧ Zz

Smart
Phonics